AF274342

*Chamán ante el fuego*

**Poesía**

# *Letras grandes*

## Pedro Serrano

ALBACETE 2024

Título: *Letras grandes*
1ª edición, septiembre de 2024

Dirección: Anaís Toboso & Pedro Gascón
www.chamanediciones.es

© de la obra: Pedro Serrano
© de la imagen de cubierta: María José López Cerro
© de la fotografía del autor: Carmen Dueñas
© de la edición: Chamán Ediciones

Diseño: Chamán Ediciones, S.L.

ISBN: 978-84-126989-6-1
D.L.: AB 449-2024
BIC: DCF

Impreso en España

Cualquier forma de explotación de esta obra, en especial su reproducción, distribución, comunicación pública o transformación, solo puede ser realizada con la autorización de sus titulares, salvo excepción prevista por la ley.
Diríjase a CEDRO (Centro Español de Derechos Reprográficos) si necesita fotocopiar, escanear, distribuir o poner a disposición algún fragmento de esta obra (www.cedro.org; 91 702 19 70 / 93 272 04 45).

# Índice

*Por si la luz volviera*, por Katty Parra          13

***Letras grandes***          15

Oraciones básicas          21
   Distingo la piedra          23
   Creencia          24
   Rezo sin adoración          25
   Sí          26
   Para no abandonarse al odio          28
   Te venero          29
   En tu nombre          30
   Así en la tierra como en el cielo          32
   Quien habla por los profetas          33
   Oración (para rezar a oscuras)          34

Ceguera legal          35
   Morir de hambre o de luz          41
   Ley          42
   Cae la noche          43
   No se cura la vida con insomnio          44
   Bautizad todo          45
   Espacio          46
   Vanidad de suficiencias          48
   Que me disculpe Blas de Otero          49

Escorias          51
   *Permanecer en el lugar donde está el espejo*          57
   *Hay tantos nombres para el afecto*          58
   *Ha pasado el peligro*          59
   *Con flores y cenizas*          60
   *Miedo a cruzar una calle*          61
   Rito          62
   Perspectiva          63
   Íntimamente          64

Citas minúsculas                                        65
    *Eterna es la palabra*                          69
    *La belleza está en la imperfección aparente*  70
    *Si abres el libro de los cambios*             71
    *Si me alquilas dos alas*                      72
    *Geometría*                                    73
    *Soy padre*                                    74
    *No todo brilla*                               75
    *Como un resumen*                              76
    *Este es el principio*                         77

*Lo que no das te lo quita*s (Agradecimientos)          79

# *Por si la luz volviera*

CONFIESO que entré en estas *Letras grandes* de Pedro Serrano, sin prejuicios, con el alma y los ojos abiertos de par en par, dispuesta a dejar que me encontrara él a mí con su poesía antes de escribir el prólogo de su libro. No me equivoqué. El libro me hizo suya desde el principio. Me estaba hablando de pájaros, de rojo muerte, lluvia o mariposas, pero también hablaba de mí. Hablaba de Dios, sí, de cuánta fe se necesita para seguir creyendo en algo, para dejar de morirnos por dentro cada día, sin luz; huérfanos de tantas cosas que no fuimos...

El poeta se rinde a la evidencia, a la terrible verdad de cuanto se le antoja irremediable y, es justo ahí, donde estamos todos, todas: víctimas y verdugos de una misma historia que vamos heredando, agradeciendo y maldiciendo, mientras estamos vivos.

Constantemente y, sobre todo en la primera parte, el hombre necesita creer, salvarse, tal vez de sí mismo.

*Creo en la providencia.*
*En todos los que miran sin ver la gracia de Dios,*
*en el topo, en el murciélago, en el erizo...*

Pero esa luz se apaga con frecuencia, tal vez porque nunca pudo encenderse del todo, porque en una sociedad como la nuestra, cuesta salir ileso de la vida.

El poeta nos lleva entonces a una segunda parte de este libro, terriblemente bello, en la que nos deja en cueros, frente a una realidad desoladora, a la que se enfrenta con una cierta dosis de ironía.

*Definitivamente,*
*no cantaré nada para el hombre fosforescente.*
*No ejerceré este antiguo himno de alabanza*
*para ellos.*

> *Ni cuando los ángeles anuncian disparar con cierta*
> *[lentitud*
> *salmos a la poesía.*

Ya nos había desnudado el alma, ahora toca enfrentarse a otro combate, cuerpo a cuerpo; reconocernos como parte del descalabro en nuestra cotidianidad, sabernos indefensos ante un mundo que se tambalea bajo nuestros pies, ante nuestros ojos...

> *Soy padre, pero no estoy a la derecha del padre.*
> *Estoy a la espera de que uno de mis hijos me pregunte,*
> *por el dolor, y también por la felicidad.*

Seguramente en estas Letras grandes, no vamos a encontrar las respuestas amables que nos gustaría encontrar. Este es más bien un libro lleno de preguntas incómodas, que el poeta se hace y nos plantea, tal vez para intuir su propia luz, su propia oscuridad; una invitación cómplice para agrandar las palabras que nos unen.

> *A vosotros os corresponde*
> *iluminar los contornos.*
> *Ser mejores entre mis brazos,*
> *hacer una revolución.*

Pedro Serrano, nos pasa el testigo a través de sus versos, sin anestesia previa, sin melodramas. La verdad no se puede mirar de otra manera.

Feliz lectura.

Katy Parra

*Letras grandes*

*Exijo el acceso a la iluminación*

VIENEN la compasión y la vergüenza a romper cada plato en la cocina que no coloco junto con los demás. Se me exige sufrir por cada pieza que estalla en el suelo, oscurecido de pronto. Quitándome diminutas vidas de luz. *Exijo el acceso a la iluminación.*

# Oraciones básicas

# Distingo la piedra

APARTE de tocar el árbol,
tomar de lluvia
y rozar paredes,
está romper el vidrio,
seducir el cuerpo
y antes de perder la luz,
teñir de rojo muerte,
la sal.

# Creencia

SER costumbre,
caminar sobre el frio del granizo que acaba en piedra.

Contar el primer y el último escalón, antes de caer,
verter el pánico en la penumbra,
medir el nivel del agua hirviendo
sin llegar a reducirse la casa a cenizas,
sostener el miedo que reserva el odio
en la trayectoria de la mano.

Sopesar la raíz,
la trama que elige el gusano en el subsuelo.

Oír los pájaros que vuelan dentro de tu retina.
Ser eso, el tacto,
el movimiento involuntario.
El amor por todo lo que hiere
la piel de la virtud del asesino.

Dar fe de las llamas que iluminan…
Las miles de larvas que eclosionan…
En barro.
Creer en las alas de cera
para sobrevivir
a ras de suelo.

# Rezo sin adoración

POR los pájaros a quien disparas,
por los aviones que despegan,
por las mujeres que aterrizan,
por la sombra en tus dedos que también te alimenta,
y por todos vosotros, que amasáis la piedad hasta caer
en el decoro.

Ruego, infinitamente,
por la sanación de los cuerpos heridos,
para la salvación de los cuerpos desnudos.

Más que una misma misericordia,
más que una misma bondad,
o un mismo dios crápula,
está la oración mínima,
la plegaria en el sudor frío de la noche.

Esta sed en el vientre nocturno.
Este tiempo cubriéndonos los ojos,
que más tarde con incertidumbre se cierran.

Rezo por ti, Señor,
que no aciertas con mi cupo de necesidades más
                                    [básicas.
Rezo para que nunca me perdones
ante el templo letal que se edifica en la confusión.
Ante tus manos manchadas de sangre
que nos devuelven a bendiciones la paz.

## Sí

CREO en la providencia.
En todos los que miran sin ver la gracia de Dios,
en el topo, en el murciélago, en el erizo,
soy un caracol, me arrastro, subo a la superficie,
rebusco en la comida, soy una antena y recorro la
            [extensión de la profundidad de la tierra,
todo lo visible e invisible de la tierra...

Nada que no esté dividido,
amortajado en su vida,
anhelo y el pan,
luz y noche verdadera
de noche verdadera.

Sí.
Amo la penumbra en los ojos del naufrago,
ir siempre en dirección contraria a tus múltiples
                                            [señales
y cientos de designios.

Nada
que no eternice tanto en voluntad,
como difiera en años en el rastro de un cohete.

Sí.
Aquello que es dolor es extrañeza
en el cuarto oscuro de los pobres
—en el tocamiento frenético de los ricos—

creo en los rayos que iluminan la sangre,

en el perdón de todas las lujurias.
En la gloria eterna del pecado.
Bien, no creo en ti,
no creo en nada,
si Dios es el resultado que ha muerto.

## Para no abandonarse al odio

Está tu amor,
que me lleva directamente a caer,
me conduce a abandonarme en un escenario
{de vértigo.

Está el amor que impones que se oxida
por ser cabeza lógica de mariposa
con una sola ala.

## Te venero

COMO rostro,
luz,
dios del deseo,
cuando el cuerpo ensombrece
y toda vida se apaga.

Te rezo
—para que no me pidas el perdón—
cuando el cielo te lee
y toda tierra mama de uno solo.

Te olvido
con todos los relojes programados
para sostener la calma.

# En tu nombre

CREADOR de todo lo visible e invisible,
de la parada técnica y el fascismo,
de la mentira y el suspense,
de todo lo que separa la severidad del hijo,
todo lo que está separado de la omnipotencia del
[padre.

La tierra es herejía, humo.
El mar es plástico, conversión.
El río, una corriente ácida que nos lleva al miedo.
Una isla, es una nube que irradia isótopos.
El deseo, lujo en estado puro según las escrituras.

En tu nombre se instaura la verdad,
la rigidez que sangra en el abdomen,
la verdad es una explosión en un estadio manchado
[de ultras
o penitencia en un mercado suicida de olores.

En tu nombre se instaura la acción o el fin.
Se mata a un negro de varios disparos,
sin tener en cuenta que
se suicida el actor para no esculpir otra escena de
[pánico.

Luz de luz,
sombra verdadera de sombra verdadera,
engendrado, no creado,
de la misma naturaleza que el relax del límite,
que el holograma del caos.

En tu nombre, se aclaman los incendios y sus cenizas,
se impone un altar de pobres para los más pobres.
En tu caso, la muerte, la plenitud, el amor en su refugio
no es más que una excéntrica metáfora.

Menos que el llanto de un pájaro dentro del agua.

## Así en la tierra como en el cielo

MIS ojos sin tus ojos,
son colirios, disparos de láser,
simulan tormentas, mar,
pertenecen a la isla o a su naufragio.
Buscan en tu suelo,
el pan, la complacencia,
en tus manos la piedad.

Lo que el amor ilumina,
lo que el deseo ilumina,
lo que tu cuerpo ilumina.

Mis ojos sin tus ojos,
se mueren, como era en el principio,
antes y ahora, generación tras generación.

Se penan,
y por tanto se extinguen,
por los ciclos de los ciclos.

Amén.

# Quien habla por los profetas

SOLO tú, lo sabes,
el amor es cielo oscuro,
un estanque que sumerge ranas
y acaso reflota estrellas.
Donde buscar una sola aguja,
o verbalizar la gloria por siempre,
Señor.

Que así se hizo el hombre,
de la pasión, de lo fugaz, del destierro de la carne,
el no perdón de los pecados.

¿Para morir a los pies del fuego?
¿Para morir en la vida eterna?
Para morir tranquilo con la luz del sótano apagada.

## Oración
## (para rezar a oscuras)

BIENAVENTURADOS los pobres
porque de ellos será el reino de los pobres
y bienaventurados los justos
porque sobre ellos recaerá el peso de la ley

y bienaventuradas las bestias
que no quieren ser sacrificadas
y las santas que no quieren ser santas eternas
porque todas verán a Dios.

Bienaventuradas las cenizas
sobre las lágrimas de los santos
y los santos que aman y mueren
por saberse polvo de estrellas
porque ellos recibirán el reino.

Bienaventurados los limpios de corazón
porque de ellos será el cielo de los tristes.

Bienaventurada la grasa burguesa
del antiguo como del nuevo testamento
porque de sus necesidades saldrá la calma.

Alegraos y regocijaos
porque vuestra recompensa será mentiros.

# Ceguera legal

*La imperfección es la cima.*

A los buitres que se conjuran en los muros, en las ruinas, en los incendios, aprovechando la tragedia. Para todos ellos con el corazón liberado del deber de amar, oportunistas del odio, mi ira de las grandes soluciones. Mi resignación cuando la tormenta se encarga de arreglar casi todo. La costumbre suave de precisar el texto: *la imperfección es la cima.*

# Morir de hambre o de luz

NUNCA imaginé,
que tendría que estar en medio de la noche
para poder escribir de nuevo una sentencia,
recordadme que cualquier lugar es la escena del
[crimen,
y así trazar el insomnio con las manos.

Las manos, en cuyas yemas de los dedos
se ablanda la luz.
O, empieza uno a morirse literalmente de hambre.
Y, circunstancialmente, uno se suicida con los ojos
[muy abiertos.
Con un destello de bala,
con la estética de una excesiva realidad.

## Ley

Es la sombra que cae de la luz,
la que en el pliegue de algunos objetos
gotea en mis ojos.

La que provoca el primer mandato de la ceguera,
no mirar, antes de que la lluvia del mundo te roce.

No mirar, sin dar a la superficie que cubre otra
                                        [superficie,
un sentido.
Un orden.

# Cae la noche

DONDE se multiplica el vapor, la insuficiencia renal, el amor lésbico, los asesinos en serie, mientras unos ven en una pantalla el programa repetido de la televisión, mientras hay hipocondríacos sin cura por todos los lados, por todos lados observamos los sufrimientos propios de los apóstoles, nuestras propias viviendas sin lujo, nuestras cortas vidas de alquiler, y en la estancia tanto las fechas como los desempleados como Marilyn Monroe se desmoronan.

Se desploman resplandores encima de nosotros, se celan con la radio aquellos insectos que atrapan sutiles las llamas de los focos. Sí, morimos repentinamente antes de alzar desde un ático aquel vuelo.

No hubiera sobrevivido, no en los círculos donde se consolida la luz.

Cae la noche, ilumina los cuartos oscuros de pubis, prende fosforescencia de carne en el pasillo y en las butacas. Esto implica estar cerca de las manos, de las rodillas, de las ingles, ser furtivo en una sala vacía de jazz, beber del neón en los vasos de ginebra. Tocar semen de las sombras de los autos.

Cae la noche, espero la resurrección de los muertos, a otro dios crucificado; que nadie venga de allí, a juzgar a los vivos y a los déspotas. La inútil melancolía infinita, espero que ayude no a juzgar. No a ser. No a colocar en la fila del condenado a su víctima.

# No se cura la vida con insomnio

Así de inconsciente es la luz
que abre cauces
en el mármol.

Yo no contemplo en la tarde el brillo, el tono, la
                                        [coloración,
la ciudad en llamas fija en la pared.
Tú ves en el cielo las señales,
identificas alas que se impulsan con motores.
Habitas en absoluta oscuridad.

# Bautizad todo

**A** mí me podéis exculpar
con el agua bendita de la sombra,
sentado sobre la taza del váter

sin caer el sol.
Sin poder abrir el libro
—en un enloquecido encuentro con los cambios—
en unas competitivas decepciones con la muerte.

## Espacio

FRENTE a una pantalla muerta de cincuenta pulgadas,
reconozco sus escamas, a los peces que bailan en los
[salientes.
En la ciudad, tengo los coches que navegan a la
[deriva,
las mujeres que nadan en los espejos,
un dios sin trono con corbata que se baja de las
[nubes,
la luz devorándolo todo en una acera de cadáveres.

Frente a una pantalla que se enciende de cincuenta
[pulgadas,
otro, que no yo, decreta un naufragio para no dioses,
envenenamientos de sirenas, muertes súbitas,
aplica los artificios impuros, reconoce al calor del
[plasma frío
la distancia en la que se desdobla un tiempo el tiempo.

Delante de la curvatura de los ojos, de su diagnóstico
[clínico,
nieva, aquellas malas partículas que nos provoca el
[insomnio,
la sed de caricias, el temblor en las ingles, dormir
[con rabia.

Ocurrente decir ahora que un poema —Bukowski—
[es una ciudad ardiendo.
Una ciudad llena de locos.
La pornografía de un odio en llamas.

Escribir un poema es el único ejercicio honesto para
[ocupar
otro espacio.

Y con su pulso,
desmitificar las pantallas,
romper las jodidas ideas.

## Vanidad de suficiencias

EL viento hace volar las sillas, los cubos,
las macetas, los manteles, los dibujos,
borra las nubes, los árboles,
hace desaparecer la ciudad, los jardines,
los puentes. Y calma.
Entonces pasa la vida,
como figuras que entran a una pantalla del televisor
y desaparecen.
Como los temas de las emisoras de radio,
que pasaron de moda.

No ha quedado emoción de la luz de aquellos días,
apariencia,
dolor,
fiebre.
Ni rastro del semen vertido sobre la espalda
de aquellas sombras.
Ignorancia,
placer,
cura.

## Que me disculpe Blas de Otero

DUERMES,
cuando duermen los monstruos,
y solo falta que queme tu piel blanca la luz del fin
o el ácido lactante de la ignorancia.

Definitivamente,
no cantaré nada para el hombre fosforescente.
No ejerceré este antiguo himno de alabanza
para ellos.

Ni cuando los ángeles anuncian disparar con cierta
[lentitud
salmos a la poesía.

# Escorias

*¿Por qué el poeta se equivoca siempre?*

Si solo refieres belleza en la superficie lisa donde pega el sol, dejando al margen el sentido del tacto con el que puedes ser capaz de peinar la dolencia que esconde la casa; si solo muestras el brillo sin personalizar el sufrimiento que acarrea, te equivocas; te equivocas pretendiendo salvar lo terso, te equivocas siempre cuando lames la pared, el sol, el brillo —y también la cal— y la superficie pulida sin provocarte rasguño o golpe. Describes la arrogancia, pero estás damnificando otras bellezas que pasan de la visión al lenguaje.

Permanecer en el lugar donde está el espejo.
Abrir la puerta del armario
en el que cuelga el blanco de la blusa,
alcanzar la tierra fértil sin caminos paralelos,
explicar, en voz alta,
la evidencia que supone
el olor de la ropa limpia,
el tacto que enmarca el tejido.

Sería suficiente la ruptura con la luz,
oportuno ver impurezas en la oscuridad
como nombrar también la oscuridad,
sería hasta idóneo rozar en cada trampa el dolor,
bastaría con equivocarse sin sufrir el impacto.
Con pisar la tierra en llamas
en un imperceptible acto de fe.

**H**AY tantos nombres para el afecto
como para el suicidio.
Kamikaze,
o decente.
Sublime,
o prematuro.

Y también fortuito
y necesario.
Por esta voluntariedad
acabamos apuntándonos con una flor en la sien
o colmando el estómago de pastillas
para predecir expectante un pasado,
disparándonos la ternura en la sangre.
Pensamos en un número
y finalizamos con una bala dentro de la cabeza.

El instinto es común para todos.

HA pasado el peligro,
la sospecha de ser o morir como una oruga.
De morir a manos de un enfermo,
de un dios pragmático terminal de cáncer.
Hemos dejado en un montículo
la explosión nuclear, el hundimiento, la vergüenza
—incluida la antiestética del éxtasis—
se actúa para acabar llevando una vida intransigente
lejos de las bombas,
muy lejos del exterminio de los otros.
Lo que ocurre en el momento
es que hay menos luz en la superficie
y más presencia de los pájaros sobre la misma quietud
[de los pájaros.
Ha pasado de puntillas el azar,
el riesgo como modelo de sacrificio;
pero no la poética del pánico,
no el nervio del viento.

CON flores y cenizas que se asientan
trazamos una eternidad en un ventrículo.
Es lo que creíamos correcto
dentro de la luz.
Y dentro de la luz
no hay nada extraordinario que ver.
No hay albor.
Índice de fosforescencia,
nacimiento,
brillo que concluya con la luciérnaga adentro del tarro.

No irradian sus alas en la órbita.

MIEDO a cruzar una calle,
miedo a pisar el polvo de una escalera,
miedo a la luz que, finalmente,
cubre de reflejos la lógica en el cuarto,
miedo a lo que no puedo imaginar en un hormiguero,

miedo a la negrura,
miedo al buscador nocturno de neones.
Casi al borde de la noche
el temor explícito hacia la silueta y el contorno.

Miedo en la superficie siempre lisa
—todos son derribos en los ojos—
manchas estéticas que cubren parcialmente el sol,
cicatrices expuestas a tantos rayos,
heridas de máquina que ya no duelen,

miedo a salvar la bondad,
pero una visión perfecta en el cerebro
llorando sin lágrimas en los imaginarios históricos.
Miedo de la mujer y del hombre que tienen lo mejor
[de la vida:
una iluminación perpetua.

## Rito

LA muerte se expresa con vida en los poemas,
he ahí la felicidad de quien escribe con flores
un titular en una losa de mármol.
De quien ama sus propias escorias
esparcidas en el base del arroyo.
La muerte, como la poesía,
es una cuestión de superficies.

# Perspectiva

**D**ADO que lo peor está por venir,
dado que lo peor está aún por venir
y la infinitud nos sitúa a noventa segundos de la
[medianoche.
Y las agujas se colocan a noventa segundos de la
[sensatez última.
Dado lo peor.

Casi no hemos llorado juntos lo suficiente.

No hemos llorado a solas lo suficiente.

No hemos llorado.

# Íntimamente

Los locos no podemos tener más de una idea,
no podemos sentir el sol desde arriba
abrazados al árbol, y estando a solas
no somos ni seremos capaces de volar
como un dios que vuelve a su mundo

—los locos servimos para curar la rabia
de los animales que lloran lágrimas nuestras
durante el horario nocturno—

esperamos del cuerdo lo que no esperamos
que él espere de nosotros.
Al morir no admitimos que nos regalen
esa botella de agua de mineralización débil;
al morir disipamos las dudas.

Seguimos esa línea recta
como un camino que no conduce a ninguna parte,

sin mas artificios,
nos asentamos.

# Citas minúsculas

*Entre la luz íbamos ciegos.*
*Somos aves de paso, nubes altas de estío,*
*vagabundos eternos.*

ETERNA es la palabra, útil la intemperie, deslumbrar con el barro, aves raras, nubes que se ahogan, que no fijan la lluvia. Somos aves de paso, y también desaparece el instante, el brillo, solemne en la sombra. Nubes de estío.

LA belleza está en la imperfección aparente,
por eso es necesario mirar un árbol,
mil veces cada vez, y señalar
puntas y raíces.

Sɪ abres el libro de los cambios, besa el culo de las flores y las hierbas y deja escapar cuantos demonios corran. Luego ama la bondad de lo humano, lo oscuro de las series, ama lo extraño del peligro si es real. La libertad si fue mentira.

Si me alquilas dos alas que no me cuesten la vida,
puede que descienda a los infiernos.
O, para no volver a equivocarme,
deje durante unos años la aridez
y la tierra.

GEOMETRÍA donde se aman mariposas, hombres, tigres. Habitante de las nubes de la nube. Cero.

Soy padre, pero no estoy a la derecha del padre.
Estoy a la espera de que uno de mis hijos me pregunte,
por el dolor, y también por la felicidad.

Y mi respuesta sea una.

No todo brilla como oro líquido en el fondo del ojo.
A veces, se acumula suciedad y el dios de las drusas
la esparce.

Es una forma de cebar la tormenta.
De arrastrar después cualquier reflejo en el lodo.

COMO un resumen delante de un filósofo,
agrandad las letras, os digo,
que se puedan ver desde el espacio.
O el mundo se quedará sin la luz de sus lectores
más ciegos.

Se quedará sin la visión de los poetas más táctiles.
Sin huésped, sin viento solar.

ESTE es el principio,
y por supuesto también el final.

A vosotros os corresponde
iluminar los contornos.
Ser mejores entre mis brazos,
hacer una revolución.

Os corresponde fundir los plomos
y dejar que salten por los aires todas las mentiras
para que se fragmenten a la vez todas las ideas.

Os corresponde en las tierras de la tierra
dejar de huir.

## *Lo que no das te lo quitas* (Agradecimientos)

Así de sencillo funciona el engranaje de las emociones, con una cita de Jodorosky a prueba de egos. No es necesario creer en la iluminación o creerse iluminado por haber rozado el manto de alguna deidad poética. Os daréis cuenta enseguida de que esta nota es puro tacticismo amoroso para no perderme en formalidades y, sobre todo, para no perder el roce, aunque se me tacha de criatura compulsiva en el abrazo.

El seguir escribiendo con la dificultad de esa jodida liturgia oscura que me envuelve tiene sus culpables y estas son algunas de las personas que me dan el empuje suficiente como para aferrarme al primer haz de luz que se columpia en la retina: José Luis Ferris, Joaquín Juan Penalva, Esther Abellán, Mariano Sánchez Soler, Pilar Blanco, Justo del Amo, Juan Luis Bedins, Pepe Miralles, Concha Ruiz Jover, Charo Guarino, Alberto Caride, Ángel Salcedo, Dolors Fernández, Josep Valero, Agustín Sánchez Antequera, Santiago Úbeda, Josefa Parra, Sergio Delicado, Txus Amat, Katy Parra, Pedro Gascón y Carmen Dueñas.

En la memoria, Eduardo Boix Miralles.

*Letras grandes*
de
Pedro Serrano
se terminó de imprimir
un día de septiembre de 2024.
Ni importa el día, ni tampoco el lugar.
Era una mañana cualquiera
en la que un niño llegaba al mundo.

*Chamán ante el fuego* (Poesía)

1. *Desde el mar a la estepa (Antología de poetas del sudeste español)*
2. *Rocinante*, Alfred Corn (antología bilingüe inglés / castellano)
3. *Volvimos a escuchar ese adagio de Mozart*, Guillermo Samperio
4. *El libro blanco*, Augusto Rodríguez
5. *Exhumación de la fábula*, Javier Bello
6. *Las lágrimas de Chet Baker caen a piscinas doradas*, Abel Santos (2ª edición)
7. *Hierofanías*, Alfredo Rodríguez
8. *Breve historia del circo*, Pablo Cerezal
9. *Miguel Hernández. El que no está*, Sergio Delicado (2ª edición)
10. *Pólvora en el sueño*, Miguel Ángel Velasco
11. *Las mudas soledades*, Pedro Gascón
12. *Celebrad los días. Poesía Completa*, Sergio Algora
13. *Labor de melancoholismo*, Toni Montesinos Gilbert
14. *Con todo este ruido de fondo o El imperio de las luciérnagas*, Vicente Velasco Montoya
15. *Vigía de tu paso*, Pilar Blanco Díaz
16. *El paso que se habita*, Esther Peñas
17. *Latido izquierdo*, Rubenski Pereira
18. *Animal fabuloso*, José Óscar López
19. *También vivir precisa de epitafio. Antología poética (1983-2017)*, Javier Sánchez Menéndez
20. *Teimosa maré / Terca marea*, Manuel Neto dos Santos (edición bilingüe portugués / castellano)
21. *Abril en los inviernos*, Nicolás Corraliza
22. *Refugio en el vuelo*, Pedro Sánchez Sanz
23. *Hasta que nada quede (Poesía reunida 1978-2019). Volumen I. Obra publicada*, José Antonio Martínez Muñoz
24. *Digterne / Poetas*, Pejk Malinovski (edición bilingüe danés / castellano)
25. *El momento (Una manera de medir el tiempo I)*, Valentín Carcelén

26. *La luz de lo perdido (Antología poética 1976-2020)*, Javier Lostalé
27. *Yo escribo la noche*, Pilar Blanco Díaz (Premio de la Crítica Literaria Valenciana 2021)
28. *De lo terrible*, Ana Martínez Castillo
29. *Antología de la «Beat Generation», (Antología bilingüe inglés / castellano)*, Marcos-Ricardo Barnatán
30. *Libro de las negaciones*, Javier del Prado Biezma
31. *Zapatos sin cordones*, Julia Navas Moreno
32. *La filtración de la luz*, Sihara Nuño
33. *Ese sabor antiguo de las obras*, Javier Sánchez Menéndez (2ª edición)
34. *Canto fenicio*, Juan de Dios García
35. *Historia de la lluvia*, Esther Peñas
36. *Dragón custodiando el misterio*, Alfredo Rodríguez
37. *El pasado (Una manera de medir el tiempo II)*, Valentín Carcelén
38. *Bailarinas de rafia,* Julia Navas Moreno (2ª Edición)
39. *Letras grandes*, Pedro Serrano

*Chamán en su senda* (Narrativa)

1. *Lawrence de Arabia. La corona de arena*, José María Álvarez
2. *La casa de los sordos*, Lamar Herrin
3. *Extrañas geometrías*, Javier Sarti
4. *El litoral del mundo*, Maria Gabriela Llansol
5. *Travesía*, Vicente Muñoz Álvarez
6. *Homenaje póstumo y otros relatos*, Lamar Herrin
7. *Todas las familias infelices*, Ramón Bascuñana
8. *Historia de una tienda*, Amy Levy (2ª Edición)
9. *Sol medieval*, Enrico Maria Rende
10. *El imposible lenguaje de la noche*, Joaquín Fabrellas
11. *Revolucionario*, Clementina Black
12. *El manuscrito de Palermo*, José María Álvarez
13. *Arábica*, Pablo Cerezal
14. *El día que se acabaron las cosquillas*, María Dolores García Rozalén (3ª Edición)

15. *Todo en orden*, Luis Sánchez Martín
16. *Osuna*, Jaufré Rudel
17. *Blurb*, Joaquín Fabrellas
18. *La camisera de Manchester*, Margaret Harkness

*Chamanes en trance* (Didáctica)

1. *Geografía de la luz: poesía última de Eloy Sánchez Rosillo*, Miguel Ángel Rubio Sánchez (Ensayo)
2. *Desvío a Buenos Aires. Diario de una poeta en la Patagonia argentina*, Concha García (Diario)
3. *Diario de un confinado y otras estampas*, José Juan Morcillo (Diario y artículos)
4. *Otoñal y barojiana*, Miguel Sánchez-Ostiz (Ensayos)
5. *Hacia lo verdadero (Cercanías a la vida y al arte en la poesía de Claudio Rodríguez)*, Luis Ramos de la Torre (Ensayo)
6. *La fiesta del miedo (Arte, poesía y psicoanálisis. Diálogos con Antonio Méndez Rubio)*, VV. AA. (Ensayos y conversaciones)
7. *Puntos de fuga. Nuevas patologías de la vida cotidiana*, Javier Lorenzo Candel (Ensayo)
8. *La decisión ininterrumpida. Diario de un poeta y editor (2008 - 2009)*, Kepa Murua (Diario)

*Chamanes, a escena* (Teatro)

1. *El camino de los elefantes / La entrevista*, Antonio Rodríguez Jiménez

www.chamanediciones.es